1930's Fashion

1930's Fashion

1930's Fashion

1930's Fashion

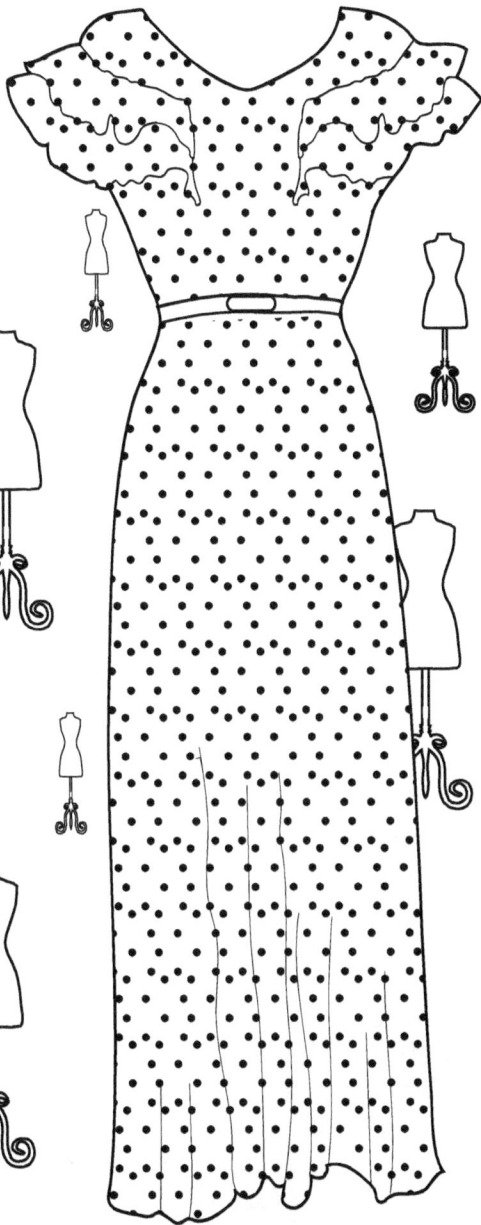

1930's Fashion

1930's Fashion

1930's Fashion

1930's Fashion

1930's Fashion

1930's Fashion

1930's Fashion

1930's Fashion

1930's Fashion

1930's Fashion

1930's Fashion

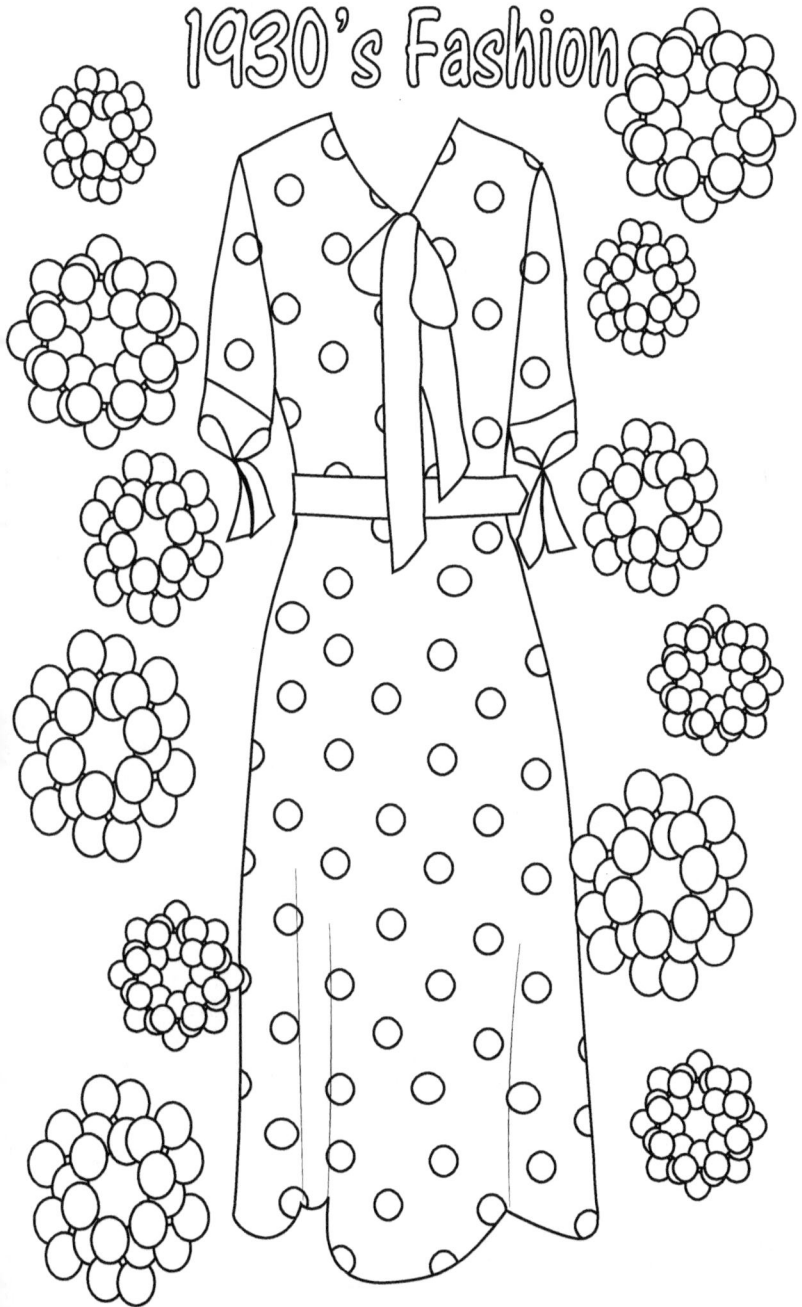

1930's Fashion

1930's Fashion

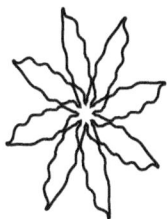

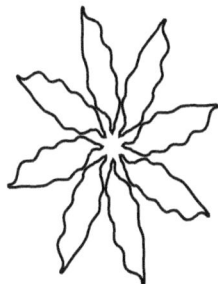

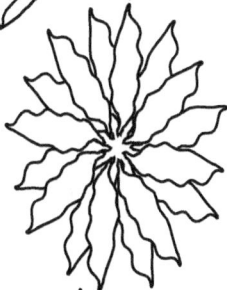

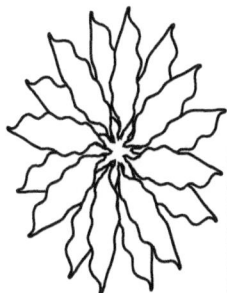

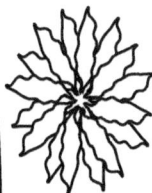

1930's Fashion

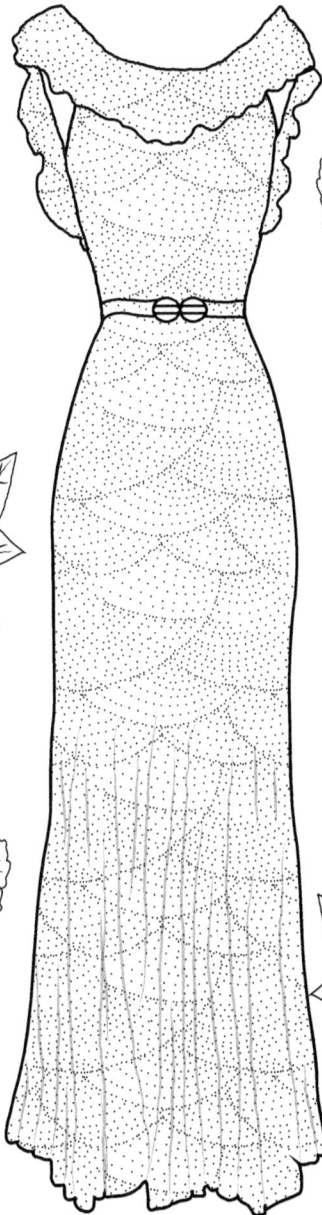

1930's Fashion

1930's Fashion

1930's Fashion

1930's Fashion

1930's Fashion

1930's Fashion

1930's Fashion

1930's Fashion

1930's Fashion

1930's Fashion

1930's Fashion

1930's Fashion

www.ingramcontent.com/pod-product-compliance
Lightning Source LLC
Chambersburg PA
CBHW071933020426
42331CB00010B/2844

1930's Vintage
Dresses
Travel Edition
ADULT COLORING BOOKS
By Beth Ingrias

Want to color
more for FREE?

Get a FREE 25 page adult coloring book

visit

www.BethIngrias.com

ISBN-13: 978-1-945803-12-3
ISBN-10: 1-945803-12-6